C000061975

JESUCRISTO

DÉCIMAS Y ACRÓSTICOS

Jesucristo

Décimas y Acrósticos

Joel Suárez

Número de Control de la Biblioteca del Congreso de EE. UU.: 2012909553
ISBN: Tapa Dura   978-1-4633-3063-7
                Tapa Blanda   978-1-4633-3062-0
                Libro Electrónico   978-1-4633-3061-3

Para pedidos de copias adicionales de este libro, por favor contacte con:
Palibrio
1663 Liberty Drive
Suite 200
Bloomington, IN 47403
Llamadas desde los EE.UU. 877.407.5847
Llamadas internacionales +1.812.671.9757
Fax: +1.812.355.1576
ventas@palibrio.com
399053

Agradecimientos

En primer lugar, quisiera agradecerle al Señor Jesucristo; por concederme el deseo de predicar su Evangelio a través de la décima escrita. También quiero agradecer a Arturo Barrios; quien fue la primera persona que me animó para que aprendiera a rimar; allá por el año 2001.Otra ayuda importante vino de mi amigo y hermano en la fe Luis E. Barreto, quien fue el primero en enseñarme la estructura de la décima (yo pensaba que eran solo cuatro versos). Mis agradecimientos también para Porfirio Franco; quien me animó, y me hizo ver que podría llegar a muchas personas a través de mis décimas. Gracias también a Magi y Ángel Cordero (puchito), que me facilitaron literatura indispensable cuando daba mis primeros pasos como escritor. Agradezco además a mi actual pastor, Miguel Sanabria; quien me animó a aventurarme en la creación de este libro. Y este proyecto no hubiera sido posible sin la ayuda de mi esposa: Niurka Bictre y mis hijos Yoniel y Joeny Suárez,quienes me han provisto del entorno ideal para crear esta obra. A todos muchas gracias, y siéntanse orgullosos de saber que pusieron un cimiento en este proyecto; y en otros por venir.

Joel Suárez

Tabla de Contenidos

ACRÓSTICOS

PROLEGOMENO...

Desde cuando empezamos hace cuatro años a liderar espiritualmente el grupo de hispanos de la Bahía de Tampa en la Florida, han resonado en los recintos donde nos congregamos unos versos hermosísimos que hacen siempre que la sonrisa expectante aflore al escuchar estas historias brevemente rítmicas, al compás de octosílabos, formulados desde la sensibilidad de nuestro admirado Joel, quien profundamente creyente, vislumbra la presencia del Creador en versos que son una pincelada de amor.

La necesidad de ligar y conciliar el mundo espiritual con el universo donde habita la armonía de Dios como piedra angular de la belleza, lleva al poeta a establecer "su mundo" desde donde inicia la construcción de su propio edificio para abrir la ventana de las oscuridades a la luz, y la elevación de lo cotidiano a las comarcas de la belleza celestial; así en el principio era el Verbo, de qué le sirve ganar al hombre hasta el mundo entero, la fe confirma la ley, si hablase todas las lenguas, qué cosa será el amor, cómo lo puedo entender, si a Dios quisieras pintar, tanto amor jamás he visto, adoro a un Dios que no veo, la salvación es un hecho, el amor, el odio, la muerte, todas las pequeñas y grandes cosas que hacen de cada hombre y de cada mujer, en las manos de Dios, seres irrepetibles.

El aporte que mi buen amigo Joel ha hecho para la difusión y conocimiento de nuestra doctrina luterana, quizás ha pasado desapercibido en gran medida; su carácter humilde y altruista así lo ha querido. Los poemas que se presentan en este libro, además de reflejar el alma de un poeta, tienen una amplia base doctrinal centrada en la Palabra. Joel conoce las circunstancias históricas que se daban hace quinientos años, cuando Martín Lutero emergió como un gigante para preservar la verdadera doctrina de Cristo y librarla de las garras que la habían deformado y de qué manera. Ahora estampa a nivel de décimas la esencia del cristianismo.

Su lectura, entonces, a través de la diversidad de voces y tonalidades, puede deparar inesperadas sorpresas al recuperar o reencontrar esos parajes del espíritu que alguna vez perdimos, lo que "ha huido del hombre" en la desolada realidad que muchas veces nos circunda. Descubrir el camino que lleva a esta instancia suprema en la vida del ser humano, el Universo de la Fe, conlleva el acercamiento a la lucidez del silencio que se descubre en las huellas de Dios.

Es para mí, que he disfrutado con Joel momentos inolvidables de exégesis, muy grato redescubrir a través de este libro la sensibilidad espiritual de un hombre especial; una sensibilidad que merecía ser presentada de la forma apropiada, para compartirla con muchos creyentes más.

MIGUEL D SANABRIA (Pastor Luterano)

DÉCIMAS

En el principio

-1-

En el principio era el verbo
y este verbo era con Dios,
juntos reinaban los dos
pero un día se hizo siervo.
Por Él fue hecho el acervo
de estrellas del firmamento,
por Él es que sopla el viento
trayendo su dulce brisa;
por el tengo una sonrisa
donde ayer hubo lamento.

En el principio

(Versículos)

Reina-Valera 1995

-1-

Jn 1.1-5

En el principio era el verbo,

el Verbo estaba con Dios

y el Verbo era Dios.

Este estaba en principio con Dios.

Todas las cosas por medio de él fueron

hechas,

y sin él nada de lo que ha sido hecho fue

hecho.

En él estaba la vida,

y la vida era la luz de los hombres.

La luz en las resplandece en las tinieblas,

Y las tinieblas no la dominaron.

El hijo de David

-2-

"David tendrá un descendiente
que estará siempre en su trono";
y ahora que reflexiono
hablaban del Rey viviente.
Será un Reino diferente
conquistado sin espada;
y solo tendrán entrada
los que ahora te diré:
quienes pusieron su fe
en su sangre derramada.

El hijo de David

-2-

Is 9.6-7

Porque un niño nos ha nacido,
hijo nos ha sido dado,
y el principado sobre su hombro.
Se llamará su nombre ''Admirable consejero''
''Dios fuerte'', ''Padre eterno'', ''Príncipe de paz''.
Lo dilatado de su imperio y la paz no tendrán
límite sobre el trono de David y sobre su reino,
disponiéndolo y confirmándolo en juicio y en
justicia desde ahora y para siempre.

Muy favorecida

-3-

¡Salve, muy favorecida!
el Señor está contigo;
por eso ahora te digo
que vas a albergar la vida.
La simiente prometida
ya desde la antigüedad,
que traerá libertad
luchando con poderío,
y será su señorío
por toda la eternidad.

Favorecida

-3-

Lc1.26-28

Al sexto mes, el ángel Gabriel fue enviado
por Dios a una ciudad de Galilea llamada Naza-
ret, a una virgen desposada con un varón que
se llamaba José, de la casa de David; y el nombre de la virgen era María. Entrando el ángel
a donde ella estaba, dijo:
—¡Salve, muy favorecida! El Señor es contigo; bendita tú entre las mujeres.

José y María

-4-

José recibió a María
como el ángel le ordenó,
y con amor la cuidó
porque era de gran valía.
Gozoso la protegía
como se cuida una flor,
igualando al sembrador
mas celoso que se encuentre;
pues sabía que en su vientre
albergaba al Salvador.

José y María

-4-

Mt 1.18-21

El nacimiento de Jesucristo fue así:
Estando comprometida María, su madre,
con José, antes que vivieran juntos se
halló que había concebido de Espíritu
Santo. José, su marido, como era justo
y no quería infamarla, quiso dejarla
secretamente. Pensando él en esto,
un ángel del Señor se le apareció en
sueños y le dijo: José, hijo de David,
no temas recibir a María tu mujer, porque
lo que en ella es engendrado, del Espíritu
Santo es. Dará a luz un hijo, y le
pondrás por nombre Jesús, porque él
salvará a su pueblo de sus pecados.

El mensajero

-5-

Cuando la gente salía
a que Juan los bautizara,
el con palabra bien clara
y fervor los corregía.
Se cumplió la profecía
El destino ya era cierto:
"voz que clama en el desierto
traza el camino al Señor";
pues será mucho mejor
que se encuentre un pueblo abierto.

El mensajero

-5-

Lc 3.3-7

Y él fue por toda la región contigua al Jordán
predicando el bautismo del arrepentimiento
para perdón de pecados, como está escrito
en el libro de las palabras del profeta Isaías,
que dice: "Voz que clama en el desierto:
"Preparad el camino del Señor, enderezad sus
sendas. Todo valle se rellenará y se bajará
todo monte y collado; los caminos torcidos serán
enderezados, y los caminos ásperos allanados,
y toda carne verá la salvación de Dios".

El fundamento

-6-

"Pongo una piedra en Sion
que es la roca principal";
un tesoro espiritual
anhelada bendición.
Quien le brinde adoración
jamás será defraudado;
pues su vara y su cayado
siempre le darán aliento;
porque son el fundamento
donde Dios ha edificado.

El fundamento

-6-

Is 28.16-17

Por eso, Jehová, el Señor, dice así:

''He aquí que yo he puesto en Sión

por fundamento una piedra,

piedra probada,

angular, preciosa,

de cimiento estable.

El que crea no se apresure.

Ajustaré el juicio a cordel,

y a nivel la justicia.

Bienaventurados

-7-

Bienaventurados son
la gente humilde que implora
todo el que sufre, y el que llora
pues tendrán consolación.
Los limpios de corazón
los que tienen cicatrices,
los del alma sin matices
que esperan en el Señor;
porque solo con su amor
lograremos ser felices.

Bienaventurados

-7-

Mt 5.3-7

<Bienaventurados los pobres en espíritu,
porque de ellos es el reino de los cielos.
Bienaventurados los que lloran,
porque recibirán consolación.
Bienaventurados los mansos,
porque recibirán la tierra por heredad.
Bienaventurados los que tienen hambre y
sed de justicia,
porque serán saciados.
Bienaventurados los misericordiosos,
porque alcanzarán misericordia.

Reconcíliate

-8-

"Cuando vengas al altar
con una ofrenda en tu mano,
recuerda que con tu hermano
te debes reconciliar".
Si lo puedes perdonar
una batalla has ganado;
porque Dios te ha perdonado
y ahora puedes venir,
a su presencia a inquirir
pues tu ofrenda es de su agrado.

Reconcíliate

-8-

Mt 5.23-26

Por tanto, si traes tu ofrenda al altar y allí
te acuerdas de que tu hermano tiene algo
contra ti, deja allí tu ofrenda delante del altar
y ve, reconcíliate primero con tu hermano,
y entonces vuelve y presenta tu ofrenda. Ponte
de acuerdo pronto con tu adversario, entre tanto
que estás con él en el camino, no sea que el
adversario te entregue al juez, y el juez al guar-
dia, y seas echado en la cárcel. De cierto te digo
que no saldrás de allí hasta que pagues el último
cuadrante.

¿Por qué me llamas señor?

-9-

¿Por qué me llamas señor
y no haces lo que yo digo?
si es que quieres ser mi amigo
tendrás que mostrar mi amor.
Primero deja el rencor
que te va a contaminar;
piensa antes en perdonar
como yo te he perdonado;
porque así te he demostrado
lo importante que es amar.

¿Por qué me llamas Señor?

-9-

Lc 6.46-49

¿Por qué me llamáis Señor, Señor, y no
y no hacéis lo que yo les digo? Todo aquel
que viene a mí y oye mis palabras y las obedece
os indicaré a quien es semejante. Semejante es al
hombre que, al edificar una casa, cavó y ahondó y puso
el fundamento sobre la roca; y cuando vino una inundación,
el río dio contra aquella casa, pero no la pudo mover
porque estaba fundada sobre la roca. Pero el que las oyó
y no las obedeció, semejante es al hombre que edificó su
casa sobre tierra, sin fundamento; contra la cual el río dio
con ímpetu, y luego cayó y fue grande la ruina de aquella casa.

El Todopoderoso

-10-

El Dios todopoderoso

nuestro Padre celestial,

es tan grande y colosal

pero te anhela celoso.

El cuida al menesteroso

con amor benigno y tierno,

y no importa si en lo externo

parece que no prospera;

porque en el cielo lo espera

un tesoro que es eterno.

El Todopoderoso

-10-

Lc 6.20-21

Alzando los ojos hacia sus discípulos
decía: Bienaventurados vosotros los
pobres, vuestro es el reino de Dios.
Bienaventurados los que ahora tenéis
hambre,
porque seréis saciados.
Bienaventurados los que ahora lloráis,

No te condeno

-11-

"Tampoco yo te condeno
anda ve y no peques más",
y la bendición tendrás
si al pecado pones freno.
Si sufres el mal ajeno
y cumples mi voluntad
morará en ti mi verdad
produciendo buenos frutos,
esenciales atributos
que produce mi amistad.

No te condeno

-11-

Jn 8.4-11

-Maestro, esta mujer ha sido sorprendida
en el acto mismo de adulterio, y en la ley nos
mandó Moisés apedrear a tales mujeres. Tú,
pues, ¿Qué dices?
esto decían probándolo, para tener de que
acusarlo. Pero Jesús inclinado hacia el suelo
escribía en tierra con el dedo. Y como insistieron
en preguntarle, se enderezó y les dijo:
-El que de vosotros esté sin pecado sea el
primero en arrojar la piedra contra ella.
e inclinándose de nuevo hacia el suelo, si-
guió escribiendo en tierra. Pero ellos, al oír
esto, acusados por su conciencia, fueron saliendo
uno a uno, comenzando desde los más viejos
hasta los más jóvenes ; solo quedaron Jesús y la
mujer que estaba en medio. Enderezándose
Jesús y no viendo a nadie sino a la mujer, le
dijo:
-mujer, ¿dónde están los que acusaban?
¿Ninguno te condenó? Ella dijo: ninguno, Señor.
Ni yo te condeno.

Vengan a mí

-12-

"Vengan a mí que soy manso
y humilde de corazón",
reciban mi bendición
y su alma hallará descanso.
Disfruten de este remanso
que transmite mi presencia,
ejerciten la paciencia
nunca se cansen de amar;
y yo os haré descansar
compartiéndoles mi herencia.

Vengan a mí

-12-

Mt 11.28-30

Venid a mí todos los que estáis trabajados y cargados, y
yo os haré descansar. Llevad mi yugo sobre
vosotros y aprended de mí, que soy manso y
humilde de corazón, y hallaréis descanso para
vuestras almas, porque mi yugo es fácil y ligera mi carga.

Más poderoso que yo

-13-

Yo a la verdad los bautizo
con agua, mas el que viene
después de mí es el que tiene
poder, se los garantizo.
Yo ésta función realizo
pero es el quien reinará;
pues su era limpiará
victorioso desde luego;
para llenarnos con fuego
que nunca se apagará.

Más poderoso que yo

-13-

Lc 13.15-17

Como el pueblo estaba a la expectativa,
preguntándose todos en sus corazones
si acaso Juan sería el Cristo, respondió
Juan, diciendo a todos:
—Yo a la verdad os bautizo en agua, pero
viene uno más poderoso que yo, de quien
no soy digno de desatar la correa de su calzado;
él os bautizará en Espíritu Santo y fuego. Su
aventador está en su mano para limpiar su era.
Recogerá el trigo en su granero y quemará la
paja en fuego que nunca se apagará.

Amigos de Jesús

-14-

"Ustedes son mis amigos
si hacen lo que les mando",
porque tan solo escuchando
no serán fieles testigos.
Oren por sus enemigos
y aquel que los discrimina;
sean la luz que ilumina
brillando con plenitud,
obren siempre con virtud
para adornar la doctrina.

Amigos de Jesús

-14-

Jn 15.11-17

Estas cosas os he hablado para que mi gozo esté en vosotros, y vuestro gozo sea completo
Este es mi mandamiento: Que os améis
unos a otros, como yo os he amado. Nadie
tiene mayor gozo que este, que uno ponga su
vida por sus amigos. Vosotros sois mis amigos
si hacéis lo que yo os mando. Ya no os llamaré
siervos, porque el siervo no sabe lo que hace
su señor; pero os he llamado amigos, porque
todas las cosas que oí de mi Padre os las he
dado a conocer. No me elegisteis vosotros a
mí, sino que yo os elegí a vosotros y os he
puesto para que vayáis y llevéis fruto, y vuestro
fruto permanezca; para que todo lo que pidáis
al padre en mi nombre, el os lo dé. Esto os
mando: Que os améis unos a otros.

La vid verdadera

-15-

Yo soy la vid verdadera
y mi padre el labrador,
que trabaja con rigor
en invierno y primavera.
Es por eso que el espera
que el pámpano lleve fruto;
porque ese es el atributo
más crucial y necesario:
hacer el bien a diario
ese es el mejor tributo.

La vid verdadera

-15-

Jn 15.1-4

Yo soy la vid verdadera y mi Padre
es el labrador. Todo pámpano que en
mí no lleva fruto, lo quitará; y todo aquel que
lleva fruto, lo limpiará, para que lleve más fruto. Ya vosotros estáis limpios por la palabra que
os he hablado. Permaneced en mí, y yo en
vosotros. Como el pámpano no puede llevar fruto por sí mismo, si no permanece en la vid, así
tampoco vosotros, si no permanecéis en mí.

Reinar a su derecha

-16-

De que le sirve ganar
al hombre hasta el mundo entero,
si su vida es su sendero
y no la puede salvar.
Antes debiera buscar
aquello que le aprovecha;
la inmarcesible cosecha
de incontable magnitud,
que transmite plenitud
y reinar a su derecha.

Reinar a su derecha

-16-

Mt 16.26-28

¿De qué le servirá al hombre ganar
todo el mundo, si pierde su alma?
¿O qué dará el hombre a cambio de
su alma?, porque el Hijo del hombre
vendrá en la gloria de su Padre, con
sus ángeles, y entonces pagará a cada uno conforme a sus obras. De cierto
os digo que hay algunos de los que están
aquí que no gustarán la muerte hasta que
hayan visto al Hijo del hombre viniendo
en su reino.

Tú eres el Mesías

-17-

Señor: tú eres el Mesías
el Hijo del Dios viviente,
el Cordero, la simiente
que hablaron las profecías.
De ti predijo Isaías
que habías sido elegido,
para darle al afligido
triunfo sobre la injusticia;
porque tu sangre propicia
a todo aquel que ha creído.

Tú eres el mesías

-17-

Mt 16.13-16

Al llegar Jesús a la región de Cesarea de
Filipo, preguntó a sus discípulos, diciendo:
–¿Quién dicen los hombres que es el Hijo
Del hombre?
Ellos dijeron:
–Unos, Juan el Bautista; otros, Elías; y
otros, Jeremías o alguno de los profetas.
Él les preguntó:
–Y vosotros, ¿quién decís que soy yo?
Respondiendo Simón Pedro, dijo:
–Tú eres el Cristo, el Hijo del Dios viviente.
Entonces el respondió Jesús:
–Bienaventurado eres, Simón, hijo Jonás,
porque no te lo reveló carne ni sangre, sino
mi Padre que esta en los cielos.

El hijo pródigo

-18-

Cuando el hijo regresó
buscando perdón y amparo;
el padre sin un reparo
con amor lo recibió.
A sus siervos ordenó:
traigan el toro engordado,
festejemos con agrado
que mi hijo ha revivido,
había estado perdido
y ahora ha sido encontrado.

El hijo pródigo

-18-

Lc 15.20-24

Entonces se levantó y se fue a su padre.
Cuando aún estaba lejos, lo vio su padre
y fue movido a misericordia, y corrió y se
echó sobre su cuello y lo besó. El hijo le
dijo: "Padre, he pecado contra el cielo y
contra ti, y ya no soy digno de ser llamado
tu hijo". Pero el padre dijo a sus siervos:
'' Sacad el mejor vestido y vestidle; y poned
un anillo en su dedo y calzado en sus pies.
traed el becerro gordo y matadlo, y comamos
y hagamos fiesta, porque este mi hijo muerto
era y ha revivido; se había perdido y es hallado". Y comenzaron a regocijarse.

Me diste de beber

-19-

¿Cuándo te vimos hambriento
sediento o desamparado?
si es que a alguien has ayudado
a mí me diste alimento.
Si al errante diste aliento
lavándole las heridas,
tu futuro consolidas
por obrar con mansedumbre,
y yo te espero en la cumbre
con mis manos extendidas.

Me diste de beber

-19-

Mt 25.34-40

Entonces el Rey dirá a los de su derecha:
"Venid, benditos de mi padre, heredad el reino
preparado para vosotros desde la fundación del
mundo, porque tuve hambre y me diste de comer,
tuve sed y me diste de beber: fui forastero y me
recogisteis; estuve desnudo y me vestisteis;
y me visitasteis; en la cárcel y fuisteis a verme".Enton-
ces los justos le responderán diciendo :" Señor
¿Cuándo te vimos hambriento y te alimentamos,
o sediento y te dimos de beber? ¿y cuando
te vimos forastero y te recogimos, o desnudo
y te vestimos? ¿o cuando te vimos enfermo
o en la cárcel, y fuimos a verte?".Respondiendo
el Rey, les dirá:
"De cierto os digo que en cuanto lo hicisteis
a uno de estos mis hermanos más pequeños,
a mí me lo hicisteis.

Mujer humilde

-20-

Mujer humilde y sincera
cuando ungiste al Salvador,
dio tu perfume un olor
a vida y a primavera.
Fue tu postura cimera,
grandiosa, tan colosal
pues tu gesto espiritual
marcó por siempre el futuro,
bañando con nardo puro
al Rey de gloria eternal.

Mujer humilde y sincera

-20-

Mr 14. 3-9

Pero estando él en Betania, sentado a la mesa
en casa de Simón el leproso, vino una mujer
con un vaso de alabastro de perfume de nardo
puro de mucho valor; y quebrando el vaso de
alabastro, se lo derramó sobre su cabeza. Entonces
algunos se enojaron dentro de sí, y dijeron:
—¿Para qué se ha hecho este desperdicio
De perfume? ,pues podía haberse vendido por
más de trescientos denarios y haberse dado a
los pobres.
y murmuraban contra ella.
pero Jesús dijo:
—Dejadla, ¿por qué la molestáis? Buena obra
me ha hecho. Siempre tendréis a los pobres
Con vosotros y cuando queráis les podéis hacer bien; pero a mi no siempre me tendréis.
Esta ha hecho lo que podía, porque se ha an-
ticipado a ungir mi cuerpo para la sepultura.
De cierto os digo que dondequiera que se pre-
dique este evangelio, en todo el mundo, también se contará lo que esta ha hecho, para
memoria de ella.

Entrada triunfal

-21-

Jerusalén viene el rey
en un pollino montado,
a luchar contra el pecado
con la fuerza de su ley.
Regocíjese la grey
canten himnos en Sion,
eleven su adoración
tendamos mantos y palmas;
pues ya tienen nuestras almas
la añorada bendición.

Entrada triunfal en Jerusalén

-21-

Zac 9.9-11

¡Alégrate mucho, hija de Sion!

Mira que tu rey vendrá a ti, justo y

salvador,

Pero humilde, cabalgando sobre un asno,

sobre un pollino hijo de asna.

Él destruirá los carros de Efraín

y los caballos de Jerusalén;

los arcos de guerra serán quebrados,

y proclamará la paz a las naciones.

Su señorío será de mar a mar,

desde el río hasta los confines de la tierra.

tú también, por la sangre de tu pacto,

serás salva;

he sacado a tus presos

de la cisterna en que no hay agua.

Esto es mi cuerpo

-22-

Tomen, coman esto es
mi cuerpo que es entregado;
para el perdón del pecado
que ha cometido la mies.
Por el supremo interés
de derrotar la inmundicia,
y revelar la justicia
de mi reino redentor;
es que me enfrento al dolor
asumiendo mi milicia.

Esto es mi cuerpo

-22-

Mt 26.26-29

Mientras comían, tomó Jesús el pan, lo
bendijo, lo partió y dio a sus discípulos, diciendo:

—Tomad, comed; esto es mi cuerpo.

Y tomando la copa, y habiendo dado gracias
les dio, diciendo:

—Bebed de ella todos, porque esto es mi
sangre del nuevo pacto que por muchos es derramada para perdón de los pecados. Os digo
que desde ahora no beberé más de este fruto
de la vid hasta aquel día en que lo beba nuevo
con vosotros en el reino de mi Padre.

Quítame esta copa

-23-

Padre quítame esta copa
más sea tu voluntad,
y que reine tu verdad
aunque beba de una estopa.
Que se repartan mi ropa
y la tiren a la suerte;
que yo voy a obedecerte
ocupando su lugar,
y voy a resucitar
imponiéndome a la muerte.

Quítame esta copa

-23-

Mt 26.38-39

Entonces Jesús les dijo:

—Mi alma está muy triste hasta la muerte;

quedaos aquí y velad conmigo.

Yendo un poco adelante, se postró sobre

su rostro, orando y diciendo: Padre mío, si es

posible, pase de mí esta copa; pero no sea como

yo quiero, sino como tú.

Mi reino no es de este mundo

-24-

Mi reino no es de este mundo
de mentiras y dolores,
o si no mis seguidores
vendrían en un segundo.
Mostrando el triunfo rotundo
sobre el pecado y la muerte;
el Padre con brazo fuerte
del ades lo levantó,
y a su diestra lo exaltó
porque ya no yace inerte.

Mi reino no es de este mundo

-24-

Jn 18.36

Respondió Jesús:

-Mi Reino no es de este mundo; si mi Reino
fuera de este mundo, mis servidores pelearían
para que yo no fuera entregado a los judíos; pero
mi Reino no es de aquí.

Los que creen sin ver

-25-

No necesito meter

mis manos en su costado;

pues lo sé resucitado

habitando aquí en mí ser.

Qué bueno es creer sin ver

como lo dijo el Señor,

proclamando con amor

esta bienaventuranza;

para anunciar con confianza

que vive mi Redentor.

Los que creen sin ver

-25-

Jn 20.24-29

Pero Tomás, uno de los doce, llamado dí-
dimo, no estaba con ellos cuando Jesús se
se presentó. Le dijeron, pues, los otros discípulos:–¡hemos visto al Señor!
Él les dijo:–Si no veo en sus manos la señal de los clavos y meto mi dedo en el lugar de los clavos, y
meto mi mano en su costado, no creeré.
Ocho días después estaban otra vez sus discípulos dentro, y con ellos Tomás. Llegó Jesús,
estando las puertas cerradas, se puso en medio
y les dijo: –¡Paz a vosotros!
Luego dijo a Tomás:-Pon aquí tu dedo y
mira mis manos; acerca
tu mano y métela en mi costado; y no seas incrédulo sino
creyente.
Entonces Tomás respondió y le dijo:
-¡Señor mío y Dios mío!
Jesús le dijo:
-Porque me has visto creíste; bienaventurados
los que no vieron y creyeron.

En el camino a Emaús

-26-

Dos discípulos andaban
en el camino a Emaús,
y los alcanzó Jesús
a saber de lo que hablaban.
Ellos tristes lamentaban
la derrota del Mesías;
¿como es que no sabías?
desdichado hombre de bien,
morando en Jerusalén
lo que pasó en estos días.

En el camino a Emaús

-26-

Lc 24.13-18

Dos de ellos iban el mismo día a una aldea
llamada Emaús, que estaba a sesenta estadios
de Jerusalén. Hablaban entre sí de todas aquellas cosas
que habían acontecido. Y sucedió que, mientras
hablaban y discutían entre sí, Jesús mismo se acercó
y caminaba con ellos. Pero los ojos de ellos estaban
velados, para que no lo reconocieran. Él les dijo:
–¿Qué pláticas son estas que tenéis entre vosotros
mientras camináis, y por qué estáis tristes?
respondiendo uno de ellos, que se llamaba Cleofas
le dijo: ¿Eres tú el único forastero en Jerusalén
que no has sabido las cosas que en ella han acontecido
en estos días?

Faltos de comprensión

-27-

¡Qué faltos de comprensión
qué lentos para creer!
qué ignorantes del poder
que obra la resurrección.
Desde aquel momento con
la luz de las escrituras,
les hablo verdades puras
que se habían de cumplir:
que el Cristo vino a sufrir
y reinar en las alturas.

Faltos de comprensión

-27-

Lc 24.26-27

Entonces Jesús les dijo:

—¡Insensatos y tardos de corazón para creer

todo lo que los profetas han dicho! ¿no era

necesario que El Cristo padeciera estas cosas

y que entrara en su gloria? Y comenzando

desde Moisés y siguiendo por todos los profetas,

les declaraba en todas las Escrituras lo que de el

Decían.

No me adores

-28-

No me adores porque yo
soy consiervo de los santos,
fue Jesús con sus quebrantos
quien tu vida rescató.
Adora al rey que venció
trayéndote luz y gracia;
escapa de la falacia
que en este mundo domina,
y bebe de su doctrina
de vida eterna que sacia.

No me adores

-28-

Hch 10.24-26

Al otro día entraron en Cesarea. Cornelio
los estaba esperando, habiendo convocado a sus
parientes y amigos más íntimos. Cuando
Pedro entró, salió Cornelio a recibirlo y,
postrándose a sus pies lo adoró. Pero Pedro lo
levantó, diciendo:

-Levántate, pues yo mismo también soy un hombre.

Vino a perdonarnos

-29-

La fe confirma la ley
como Pablo nos lo explica;
pues Dios es quien justifica
por gracia a toda la grey.
Gloria sea a nuestro Rey
que ha venido a rescatarnos,
y aunque pudo condenarnos
por todas nuestras maldades,
libró nuestra alma del ades
porque vino a perdonarnos.

Vino a perdonarnos

-29-

Ro 3.28-31

Concluimos, pues, que el hombre es justificado por la fe sin las obras de la Ley. ¿Es Dios solamente Dios de los judíos? ¿No es también Dios de los gentiles? Ciertamente, también de los gentiles, porque Dios es uno, y él justificará por la fe a los de la circuncisión, y por medio de la fe a los de la incircuncisión. luego, ¿por la fe invalidamos la Ley? ¡De ninguna manera! Más bien, confirmamos la Ley.

Exaltado a la derecha

-30-

No obstante, reinó la muerte
desde Adán hasta Moisés,
y quienes vengan después
correrán la misma suerte.
Tentador frio y solerte
conseguiste tu cosecha;
más Jesús entro en la brecha
para al hombre socorrer;
y ahora reina con poder
exaltado a la derecha…

Exaltado a la derecha

-30-

Ro 5.14-16

No obstante, reinó la muerte
desde Adán hasta Moisés, aun en los
que no pecaron a la manera de la transgresión de Adán, el cual es figura del que
había de venir. Pero el don no fue como la
transgresión, porque si por la transgresión
de aquel uno muchos murieron, la gracia y
el don de Dios abundaron para muchos por
la gracia de un solo hombre, Jesucristo. Y
con el don no sucede como en el caso de
aquel uno que pecó, porque, ciertamente,
el juicio vino a causa de un solo pecado
para condenación, pero el don vino a causa
de muchas transgresiones para justificación.

La gracia

-31-

Cuando el pecado abundó
abundo también la gracia,
demostrando la eficacia
de aquel que nos redimió.
A la muerte se entregó
para quitar la inmundicia,
y hoy nos cubre su justicia
pues por su resurrección,
recibimos la adopción
porque su sangre propicia.

La gracia

-31-

Ro 5.19-21

Así como por la desobediencia de un hombre muchos fueron constituidos pecadores, así también por la obediencia de uno, muchos serán constituidos justos.

la ley, pues, se introdujo para que el pecado abundara; pero cuando el pecado abundó, sobreabundó la gracia, porque así como el pecado reinó para muerte, así también la gracia reinará por justica para vida eterna mediante Jesucristo, Señor nuestro.

Mía es la venganza

-32-

No devuelvan mal por mal
pues caerán en sus redes;
cuanto dependa de ustedes
tengan un trato cordial.
Muestren siempre del caudal
que heredan del Redentor;
el es nuestro vengador
y hará juicio sin tardanza;
"porque mía es la venganza
yo pago, dice el Señor.

Mía es la venganza

-32-

Ro 12.17-21

No paguéis a nadie mal por mal; procurad
lo bueno delante de todos los hombres. Si es
posible, en cuanto dependa de vosotros, estad
en paz con todos los hombres. No os venguéis
vosotros mismos, amados míos, sino dejad
lugar a la ira de Dios, porque escrito esta:
"Mía es la venganza, yo pagaré, dice el Señor".
Así que, si tu enemigo tiene hambre, dale de
comer; si tiene sed, dale de beber, pues
haciendo esto, harás que le arda la cara de vergüenza.
No seas vencido de lo malo, sino vence con el bien
el mal.

La importancia del amor

-33-

Si hablase en lenguas humanas

pero no tuviera amor,

sería como un tambor

que retumba en las mañanas.

Sería como campanas

que resuenan sin parar;

incluso profetizar

sin amor de nada vale,

y aunque mis bienes regale

más importante es amar.

La importancia del amor

-33-

1co 13.1-3

Si yo hablara lenguas humanas y angélicas,
y no tengo amor, vengo a ser como metal que
resuena o címbalo que retiñe. Y si tuviera
profecía, y entendiera todos los misterios y
todo conocimiento, y si tuviera toda la fe de tal manera que trasladara los montes, y no tengo
amor, nada soy. Y si repartiera todos mis bienes
para dar de comer a los pobres, y si entregara
mi cuerpo para ser quemado, y no tengo amor,
de nada me sirve.

Gálatas

-34-

"! Oh Gálatas insensatos!
¿quién fue quien os fascinó?"
y de Cristo os apartó
portándose como ingratos.
Después de los malos ratos
que juntos han padecido;
después de haber recibido
el espíritu por fe,
no entiendo entonces por qué
olvidan lo que han vivido.

Gálatas

-34-

Gal 3.1-5

¡Gálatas insensatos!, ¿Quién os fascinó
para no obedecer a la verdad, a vosotros ante cuyos ojos Jesucristo fue ya presentado
claramente crucificado? Esto solo quiero saber
de vosotros: ¿Recibisteis el Espíritu por las
obras de la Ley o por el escuchar con fe? ¿Tan
insensatos sois? Habiendo comenzado por el
Espíritu, ahora vais a acabar por la carne?
¿Tantas cosas habéis padecido en vano? Si
es que realmente fue en vano. Aquel, pues,
que os da el Espíritu y hace maravillas entre
vosotros, ¿lo hace por las obras de la Ley o
por el oír con fe?

Venida la fe

-35-

Pero venida la fe
ya no estamos bajo ayo,
ahora ilumina el rayo
glorioso de Siloé.
En su nombre esperaré
para alcanzar la promesa;
todo aquel que lo confiesa
y proclama su mensaje;
es parte de su linaje
y se sentará a su mesa.

Venida la fe

-35-

Gal 3.25-29

Pero ahora que ha venido la fe,
ya no estamos bajo un guía, porque
todos sois hijos de Dios por la fe en
Cristo Jesús, pues todos los que habéis
sido bautizados en Cristo, de Cristo estáis
revestidos. Ya no hay judío ni griego; no hay
esclavo ni libre; no hay hombre ni mujer, porque
todos vosotros sois uno en Cristo Jesús.
y si vosotros sois de Cristo, ciertamente
descendientes de Abraham sois, y herederos
según la promesa.

Condúzcanse como Santos

-36-

Yo pues preso en el Señor
les ruego que se conduzcan
como santos y produzcan
un fruto mucho mejor.
Sopórtense con amor
demostrando mansedumbre,
y así vuestra luz alumbre
brillando a la semejanza;
del cordero de la alianza
que está exaltado en la cumbre.

Condúzcanse como santos

-36-

Ef 4.1-6

Yo, pues, preso en el Señor, os ruego que

andéis como es digno de la vocación con

que fuisteis llamados: con toda humildad

y mansedumbre, soportándoos con paciencia

los unos a los otros en amor, procurando

mantener la unidad del Espíritu en el vínculo

de la paz: un solo cuerpo y un solo Espíritu,

como fuisteis también llamados en una misma esperanza

de vuestra vocación; un solo Señor, una sola

fe, un solo bautismo, un solo Dios y Padre de

todos, el cual es sobre todos y por todos y en

todos.

Los que aman su venida

-37-

He luchado la batalla
he acabado la carrera;
ahora sé que me espera
un galardón de gran talla.
Por guardar la fe sin falla
soportando la embestida,
por aferrarme a la vida
luchando codos con codos,
podre gozarme con todos
los que aman su venida.

Los que aman su venida

-37-

2 Ti 4.6-8

Yo ya estoy próximo a ser sacrificado. El
tiempo de mi partida está cercano. He pe-
leado la buena batalla, he acabado la carrera, he guardado la fe. Por lo demás me
está reservada la corona de justicia, la cual
me dará el Señor, juez justo, en aquel día;
y no solo a mí, sino también a todos los
los que aman su venida.

Héroes de la fe

-38-

El tiempo me faltaría
contando de Gedeón,
de Barac, Gefte, Sansón
y David; joven que un día.
Enfrentó con valentía
a Goliat el filisteo,
de Daniel que ante los leones no temió y fue guardado
por tan solo haber confiado
en el Dios en quien hoy creo.

Héroes de la fe

-38-39-

Heb 11.32-35

¿Y qué más digo? El tiempo me faltaría para hablar de Gedeón, de Barac, de Sansón de Jefté, de David, así como Samuel y de los profetas. Todos ellos, por fe, conquistaron reinos, hicieron justicia, alcanzaron promesas, taparon bocas de leones, apagaron fuegos impetuosos, evitaron filo de espada, sacaron fuerzas de debilidad, se hicieron fuertes en batallas, pusieron en fuga ejércitos extranjeros. Hubo muchos que recobraron con vida a sus muertos; pero otros fueron atormentados, no aceptando el rescate, a fin de obtener mejor resurrección.

Héroes de la fe

-39-

Todos ellos conquistaron
por la fe reinos enteros;
luchando como guerreros
que tan solo en Dios confiaron.
Fuegos recios apagaron
de espada fueron librados;
pero otros atormentados
no aceptaron el rescate;
teniendo como acicate
el perdón de los pecados.

Héroes de la fe

-38-39-

Heb 11.32-35

¿Y qué más digo? El tiempo me faltaría para
hablar de Gedeón, de Barac, de Sansón de
Jefté, de David, así como Samuel y de los profetas. Todos ellos, por fe, conquistaron reinos,
hicieron justicia, alcanzaron promesas, taparon
bocas de leones, apagaron fuegos impetuosos,
evitaron filo de espada, sacaron fuerzas de debilidad, se hicieron fuertes en batallas, pusieron en
fuga ejércitos extranjeros. Hubo muchos que recobraron con vida a sus muertos; pero otros fueron
atormentados, no aceptando el rescate, a fin de
obtener mejor resurrección.

Andar como el anduvo

-40-

"El que permanece en El
debe andar como el anduvo";
por eso yo no titubo
para que me encuentre fiel.
Con la estrofa que Espinel
legó a la posteridad,
adoro su majestad
cantándole con agrado,
y mi pecho renovado
venera su santidad.

Andar como el anduvo

-40-

1Jn 2.3-6

En esto sabemos que nosotros lo conocemos,
si guardamos sus mandamientos. El que dice:
yo lo conozco, pero no guarda sus mandamientos, el tal es mentiroso y la verdad no está en él.
Pero el que guarda su palabra, en ese verdade-
ramente el amor de Dios se ha perfeccionado;
por esto sabemos que estamos en él. El que
dice que permanece en él, debe andar como
él anduvo.

Una boca y dos oídos

-41-

Dios nos dio una sola boca

sin embargo dos oídos,

y estamos comprometidos

a soltar palabra poca.

Si esa misma que lo invoca

después injuria al hermano;

su alabanza será en vano

aunque adore solo a Cristo;

pues, quien no ama a quien ha visto

del Señor está lejano.

Una boca y dos oídos

-41-

Stg 3.7-10

Toda naturaleza de bestias, de aves, de
serpientes y de seres del mar, se doma
y ha sido domada por la naturaleza humana
pero ningún hombre puede domar la lengua, que
es un mal que no puede ser refrenado, llena
de veneno mortal. Con ella bendecimos al Dios y
Padre y con ella maldecimos a los hombres, que
que están hechos a la semejanza de Dios. De una
misma boca proceden bendición y maldición. hermanos míos, esto no debe ser así.

La roca

-42-

Señor llévame a la roca
que está más alta que yo;
mi corazón desmayó
y no hay aliento en mi boca.
Extiende tu mano y toca
mi pecho y mi corazón,
protégeme ahora con
tu Espíritu justiciero;
para andar por el sendero
de tu paz y bendición.

La roca

-42-

Sal 61.1-5

Oye, Dios, mi clamor;

Atiende a mi oración.

Desde el extremo de la tierra clamaré a

Ti

cuando mi corazón desmaye.

Llévame a la roca que es más alta que yo,

porque tú has sido mi refugio

y torre fuerte delante del enemigo.

Yo habitaré en tu Tabernáculo para

Siempre;

estaré seguro bajo la cubierta de tus alas,

porque, tú Dios, has oído mis votos;

me has dado la heredad de los que

temen tu nombre.

Te bendeciré

-43-

Hablare de tu grandeza

siempre te bendeciré,

y tu nombre exaltare

adorando con certeza.

Has ungido mi cabeza

con oleo de salvación;

tus misericordias son

nuevas en cada mañana;

pues de ti la gracia mana

llenando mi corazón.

Te bendeciré

-43-

Sal 145.10-13

¡Te alaben, Jehová, todas tus obras,
y tus santos te bendigan!
La gloria de tu reino digan
y hablen de tu poder,
para hacer saber a los hijos de los
hombres sus poderosos hechos
y la gloria de la magnificencia de su
reino.
Tu reino es reino de todos los siglos
y tu señorío por todas las generaciones.

Amigo del Señor

-44-

Ser amigo del Señor
no es cosa de alardear,
no te engañes hay que obrar
para demostrar su amor.
Si libramos del dolor
a cualquier pequeño hermano,
el Señor ya de antemano
te otorgó tu recompensa,
por mostrar la luz intensa
que porta cada cristiano.

El pesebre

-43-

Dios mostro su bendición
en la humildad de un pesebre;
para que el hombre celebre
la grandeza de su acción.
Hoy canto con emoción
adorando al Rey que vino;
que aunque moraba divino
encumbrado en su grandeza;
tomó mi naturaleza
manifestando al Dios trino.

Padre nuestro

Padre nuestro en tu bondad
escucha nuestra oración,
y danos la bendición
de vivir en tu verdad.
Guárdanos de la maldad
que procura el enemigo;
sea tu pecho un abrigo
cada día y toda hora;
te entrego mi vida ahora
para ser tu fiel testigo.

A mi padre

Es el padre ese brocal
que te protege y te cuida,
y que diera hasta su vida
para librarte del mal.
Es su sonrisa jovial
explosión de resplandor,
y la fuerza de su amor
ilumina tus mañanas;
por eso honremos sus canas
como lo manda el Señor.

A mi madre

Madre: divino tesoro
de donde brota la vida;
tus manos curan la herida
y son más puras que el oro.
De ti yo aprendí el decoro
pues sufriste mi dolor;
le doy gracias al Señor
por estrecharme en tus brazos;
donde encontré mil abrazos
que me llenaron de amor.

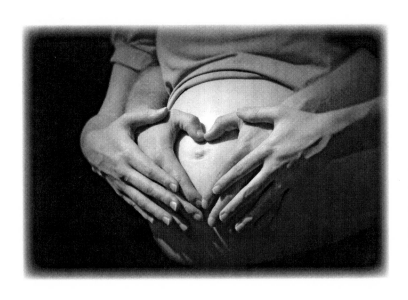

Justificados por gracia

Señala el acusador

a todos los pecadores,

para avivar sus temores

a un juicio devastador.

Más por gracia del Señor

ya no somos condenados;

pues el quitó los pecados

emitiendo un veredicto:

porque ahora reino invicto

son todos justificados.

La paz

Que tengas la paz de Cristo
te deseo con amor,
y que siempre el Buen Pastor
te lleve de bien provisto.
Ama al prójimo, está listo
para hacer su voluntad;
ejercita la piedad
ayudando a las demás;
si esto hicieras estarás
adorando su deidad.

La ofrenda

Adoremos al señor
de alma y corazón sencillos,
también con nuestros bolsillos
ofrendando con amor.
Confía que el Redentor
llenará tu sementera;
¡coopera hermano, coopera!
sembrad abundantemente,
compartiendo alegremente
porque Jesús te prospera.

Por amor al pecador

Jesús ama al pecador
pero aborrece el pecado;
por eso es que se ha entregado
sufriendo angustia y dolor.
Él nos libra del horror
de la muerte que amenaza;
y nos cubre la coraza
protectora de la fe;
solo en el esperaré
porque me guarda y me abraza.

Sal y levadura

Nuestro Señor ha querido
que la iglesia sea baluarte,
y levante su estandarte
en este mundo perdido.
El buen Dios ha socorrido
al hombre con hermosura;
y estableció la estructura
para repartir su amor;
prediquemos con amor
somos sal y levadura.

Nuestro abogado

Porque Dios al mundo amó
nos ha entregado a su Hijo,
y como el Profeta dijo
de la muerte lo exaltó.
Así fue como pasó
por alto nuestro pecado,
y ahora es nuestro abogado
que nos defiende y nos cuida;
porque puso hasta su vida
y estará siempre a tu lado.

Pentecostés

Cristo dijo a sus hermanos
que esperaran la ocasión,
de recibir bendición
procedente de sus manos.
Allí estaban los cristianos
con un común interés;
y mucho tiempo después
de recibir la promesa,
la iglesia a Jesús confiesa
como allá en Pentecostés.

Eres todo para mí

Dependo de ti Señor
tú me guardas y sostienes;
pues me has colmado de bienes
llenándome con amor.
Lleva mi verso un clamor
de alegría y complacencia;
brotando de mi conciencia
con verbo que te venera,
diciéndote que quisiera
estar siempre en tu presencia.

Dios habla hoy

Dios habla hoy como ayer
a través de su palabra,
y aquel que el corazón le abra
beberá de su poder.
Como el prometió volver
para a los suyos buscar;
yo me postro ante su altar
aunque el mundo no comprenda;
para entregarle una ofrenda
que nunca se va a apagar.

Espíritu y verdad

¡Bendito sea el Señor!
el que hace maravillas;
hoy me postro de rodillas
para agradecer su amor.
Quiero ser adorador
en espíritu y verdad;
alabando la bondad
de mi Cristo justiciero,
que ha salvado al mundo entero
derrotando la maldad.

Alabad a Dios

¡Alabad a nuestro Dios!
alabadle el mundo entero,
con trompetas y pandero
porque se apiadó de nos.
Vayamos todos en pos
del eterno soberano,
recibamos de su mano
la bendición anhelada;
pues su sangre fue entregada
por amor a cada humano.

Amor verdadero

¿Qué cosa será el amor
como lo puedo entender?;
¿tendrá forma de mujer
o color como una flor?
Sin duda tiene un valor
imposible de decir,
hay quién llegó hasta morir
sufriendo allá en un madero,
por amor del verdadero
que no deja de existir.

Unidos a Él

Padre santo y bondadoso
nos libraste de pecado,
enviando a tu Hijo amado
a un sendero doloroso.
Pero hoy reina victorioso
y aquellos que en Él creyeran;
de la vida se apoderan
porque están con Él unidos;
pues sus brazos extendidos
estrechan a los que esperan.

Luz Majestuosa

Luz que mora en majestad
te venero con amor,
quiero ver tu resplandor
que calma la tempestad.
Me enriquece tu amistad
no sé qué habrás visto en mí;
pero allá en Getsemaní
cuando en angustia sudabas,
pude ver cuánto me amabas
aunque no lo merecí.

El gozo del Señor

Que dulce es llorar de gozo
en presencia del Señor,
adorando al Redentor
vibrando en cada sollozo.
Después sigue el alborozo
de saberse perdonado;
y soy bienaventurado
pues su amor tan alto y pleno,
el pecho me deja lleno
porque ahora es mi Abogado.

Pintar a Dios

Si a Dios quisieras pintar
para verlo en un papel,
te equivocas porque a Él
no lo puedes confinar.
Es su grandeza sin par
lejos de nuestra razón;
inexplicable pues son
tres en uno con poder;
pero los puedes tener
morando en tu corazón.

Dolor de padre

Qué terrible es el dolor
cuando ves morir a un hijo,
no más pensarlo me aflijo
sobrecogido en temor.
Sin embargo el Creador
en su gran benignidad,
quitó la cautividad
por mi bien y por el tuyo,
entregándonos al suyo
por salvar la humanidad.

Frente al dolor

Que decir cuando el dolor
llega y toca a nuestra puerta,
dejando una herida abierta
y un saldo desolador.
Pido a Dios mi Salvador
que te mira desde el cielo;
te llene con su consuelo
capaz de llenar el pecho,
y te sea de provecho
aun en medio del duelo.

Según tus obras

Hayas hecho bien o mal
Dios dará según tus obras;
pues por tus mismas maniobras
será abogado o fiscal.
Si llegas al tribunal
después del peregrinaje,
el Señor pondrá un vendaje
para curarte la herida,
y te dará la acogida
compartiendo su linaje.

Ama al Señor tu Dios

Amad al Señor tu Dios
con todo tu corazón,
y su gracia y su perdón
nos serán siempre de pros.
Exáltenle todos los
que buscamos su presencia;
vengamos con reverencia
a adorarlo ante su altar,
y una alabanza elevar
al trono de su eminencia.

Padre amoroso

Dios como un padre amoroso
siempre va de nuestro lado,
mirándonos con agrado
para darnos su reposo.
Como a Daniel en el foso
nos libra de los leones;
ni serpientes ni escorpiones
lograrán hacernos daño;
ni el príncipe del engaño
robar nuestras bendiciones.

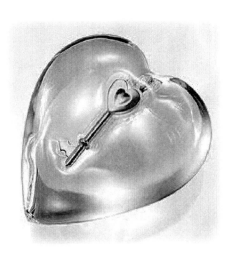

El toca a la puerta

Jesucristo está buscando
un lugar en el mesón;
ábrele tu corazón
que a tu puerta está llamando.
No titubees pensando
con miedo en el qué dirán;
pues quienes crean tendrán
la bendición más sublime;
porque Cristo los redime
y por siempre reinarán.

El dejó la sepultura

Cantemos siempre al Señor
un cántico de alabanza,
para celebrar su alianza
cimentada en el amor.
Ilumina su esplendor
nuestras vidas a diario;
porque en la cruz el Calvario
dio su sangre limpia y pura,
y dejó la sepultura
derrotando a su adversario.

Los fariseos

Los fariseos tomaban
en serio la tradición;
pero el amor y el perdón
con malicia lo ignoraban.
Varias veces se lavaban
las manos durante el día;
pero con hipocresía
actuaban ante la gente,
más Jesús con celo ardiente
y fervor los exponía.

En tu presencia

Al venir a tu presencia
buscando tu bendición,
te entrego mi corazón
adorando tu eminencia.
Sé que comparto una herencia
incorruptible en el cielo,
quitaste el pesado velo
y gozoso te contemplo;
porque al venir a tu templo
encuentro paz y consuelo.

Herederos

Tanto amor jamás he visto
entregar con devoción,
morir por mi redención
eso fue lo que hizo Cristo.
Por su gracia ahora conquisto
un reino imperecedero;
y crean que no exagero
si digo que el Creador,
dio a su Hijo por amor
para hacerte su heredero.

No se afanen

Lo que tengo me enriquece
lo que me falta no sé,
si algún día lo tendré
mas mi atención no merece.
Aquello que permanece
y es realmente importante;
está de forma abundante
llenando mi corazón;
pues tengo la redención
de Cristo el Cordero amante.

Bendición y vida eterna

Adoro a un Dios que no veo
pero un día conocí;
y ahora sé que vive en mí
por eso no titubeo.
Solo en su palabra creo
y ella solo me gobierna;
produciendo paz interna
me hace vivir confiado;
porque en ella he encontrado
bendición y vida eterna.

El Buen Pastor

A tu lado va el Señor

aunque no lo puedas ver,

y te guarda con poder

porque él es el Buen Pastor.

Aunque intente el destructor

devastar tu integridad;

Jesús con autoridad

destruye sus argumentos;

pues tropiezan sus intentos

con su gloria y majestad.

Nuestras manos

Nuestras manos se entrelazan
ante el hombre y el Señor,
y se alimenta el amor
cuando dos almas se abrazan.
Juntas por la vida trazan
un rastro fácil de ver;
pero debes entender
lo que Dios nos ha provisto:
como te amó Jesucristo
amarás a tu mujer.

Fibras unidas

Cada fibra en una soga
tiene su propio lugar;
juntas pueden soportar
hasta la presión que ahoga.
Cuando todo marcha en boga
es fácil la convivencia;
más puede la diferencia
cortarla con filo crudo;
pero el amor teje un nudo
perdonando con paciencia.

Las manos del Señor

La mano es un instrumento
que nos ayuda en la vida,
ellas alivian la herida
o detienen un lamento.
También transmiten aliento
por más cansadas que estén;
las manos son el sostén
del hombre trabajador,
y Las manos del Señor
tan solo colman de bien.

Busca al Señor

Busca el rostro del Señor
mientras puede ser hallado,
para que estés ataviado
con el vestido mejor.
Aceptar al Redentor
es la más bella experiencia;
pero la desobediencia
al mal solo te conduce;
porque el fruto que produce
será la eterna sentencia.

El Cordero de Dios

El hombre pudo llegar
al espacio y al abismo;
mas sin embargo a sí mismo
jamás se podrá salvar.
Para eso debe confiar
en quien Dios ha señalado,
aquel Cordero inmolado
por ganarnos el perdón,
que con su Resurrección
a la muerte ha derrotado.

Dios escudriña la mente

Dios escudriña la mente
del hombre, y el corazón;
para darle el galardón
merecido a cada gente.
Aquel mortal que aparente
una piedad exterior;
que no piense que el Señor
puede ser por el burlado;
porque al final su pecado
se alzará de acusador.

Perdonando con amor

Caminar con el Señor
tomándolo de la mano,
es soportar al hermano
perdonando con amor.
Deja que el Consolador
te conduzca por la senda;
y si viene la contienda
con sus viles argumentos,
afírmate en los cimientos
como Jesús recomienda.

La Salvación

La salvación es un hecho
conocido y demostrado;
pues Jesús venció al pecado
y ya reina aquí en mi pecho.
Para serte de provecho
esta bienaventuranza,
deposita tu confianza
en el Cristo poderoso,
que gobierna victorioso
y ahora es nuestra esperanza.

Dios de misericordia

Misericordia Señor
misericordia te pido;
porque estoy arrepentido
y en mi pecho hay gran dolor.
Sé que soy un pecador
y merezco tu castigo;
pero bríndame tu abrigo
para imponerme a la muerte;
porque quiero obedecerte
y reinar siempre contigo.

No toquen el anatema

De la luz yo no me aparto
porque aquí está mi heredad;
ya estuve en la oscuridad
por eso volver descarto.
Escúchenme si departo
con ustedes de este tema;
no quiero del anatema
recibir provecho alguno;
pues cual mi Dios no hay ninguno
y él me ha dado una diadema.

Sanando y rescatando

Jesús anduvo sanando
a todos los oprimidos
por el diablo, y a los perdidos
los terminó rescatando.
Por eso estoy venerando
su nombre con sacra lira;
que todo lo que respira
exalte su señorío;
solo en su gracia confío
porque es solo El quien me inspira.

Señor aumenta mi fe

Aumenta mi fe señor
que quiero perder el miedo,
y anunciarte con denuedo
por el mundo en derredor.
Quiero ver al pecador
renunciando a su camino,
para entregar su destino
en tus manos Redentoras;
abiertas a todos horas
por amor del más genuino.

Mi alma te alaba

Oh Señor omnipotente
por otorgarme tu luz,
desamparaste en la cruz
al Cordero penitente.
Marchó en la vida consciente
del dolor que le esperaba;
pero cuando derramaba
su sangre allá en el Calvario;
tuve entrada en tu santuario
por eso mi alma te alaba.

Vida eterna y salvación

Orando fervientemente
como lo hacía Jesús;
podrás librarte de tus
conflictos completamente.
Si buscas de la inherente
bondad que el Padre posee;
verás que te la provee
porque sus dádivas son;
vida eterna y salvación
para todo aquel que cree.

La oración

Cuando tengas un dilema
duda, anhelo o turbación;
ve y recurre a la oración
que es la respuesta suprema.
Para Dios tú eres la gema
más preciada que el creó;
ni a su Hijo escatimó
para que fueras limpiado;
y derrotando al pecado
de la muerte te libró.

Dios escucha la oración

Si quieres hablar con Dios
entonces comienza a orar;
seguro te va a escuchar
dale las gracias apos.
Y si se juntaren dos
o tres buscando su faz,
podrán sentir que su paz
de manera convincente,
entre ellos está presente
como respuesta eficaz.

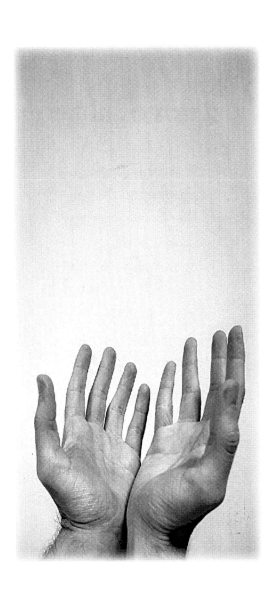

No juzguemos al hermano

No estamos para juzgar
la conducta del hermano;
Dios El solo Soberano
es quien lo puede enjuiciar.
Más, lo quiere perdonar
al igual que hizo conmigo;
pues aunque era su enemigo
y pecando lo injurié;
misericordia encontré
por eso hoy lo bendigo.

Toma tu cruz

Si tu cruz es tan pesada
que te causa un gran dolor,
pídele ayuda al Señor
y no te será negada.
El en toda temporada
está pendiente de ti;
le puedes decir: Rabí
¿por qué este dolor me embarga?
y El llevará tu carga
porque se entregó por ti.

La Resurrección

Mi pecado taladró
la santidad de tu mano;
mas tu pasión no fue en vano
de la muerte me libró.
Hoy gozoso vivo yo
la vida que tú me has dado,
el triunfo sobre el pecado
que a mi cuerpo sometía;
viviendo con alegría
porque estás resucitado.

El venció a la muerte

La resurrección de cristo

nos declara su poder;

porque así logró vencer

a la muerte de imprevisto.

Hoy porque Él vive persisto

militando en esta fe;

y con gozo cantaré

celebrando su victoria;

compartiendo de su gloria

porque con Él viviré.

Se levantó con poder

Nuestro Padre designó
al Hijo desde el inicio;
para darlo en sacrificio
por el hombre que pecó.
Así fue que padeció
pagando por nuestros males;
enfrentó martirios tales
convencido de vencer;
se levantó con poder
derrotando a sus rivales.

Cristo en Getsemaní

Moisés oraba con manos
extendidas hacia ti,
y Cristo en Getsemaní
rogaba por sus hermanos.
Hoy podemos los cristianos
acercarnos a tu trono;
por eso es que yo perdono
a los hombres sus ofensas,
para obtener recompensas
que son las que yo ambiciono.

Santa Cena

Gracias señor por el pan
que tu cuerpo comunica,
tu sangre que vivifica
nos libera del afán.
Quienes coman reinarán…
pues los nutre tu sustancia;
en verdad es gran ganancia
la cena que compartimos;
porque en ella recibimos
vida, y vida en abundancia.

Primera Comunión

Qué bueno que hoy ya podrán
acercarse al Sacramento,
disfruten este momento
pues sus vidas cambiarán.
Con el vino y con el pan
recibimos lo mejor,
disciernan, pues con temor
lo que toman este día;
porque aquí en la Eucaristía
está presente el Señor.

En la cena recibimos
un tesoro espiritual,
que en nuestra mente carnal
entenderlo no pudimos.
A pesar de que perdimos
por Adán la convivencia;
me renueva esta experiencia
del gozo que experimento;
porque aquí en el Sacramento
recibimos su presencia.

Bautismo

Si Jesús fue bautizado
yo me debo bautizar;
pues el pacto hay que acatar
si quieres ser renovado.
Como Él ha resucitado
demostrando su grandeza,
muramos a la impureza
de nuestra carne vacía;
sepultando cada día
la vieja naturaleza.

Bautismo es el lavamiento
del agua por la palabra,
con que el Espíritu labra
una vida en surgimiento.
Mediante este sacramento
nuevas almas son selladas;
al Redentor entregadas
en este sagrado acto,
y ya son miembros del pacto
de las vidas renovadas.

ACRÓSTICOS

Acrósticos

Jacy Velásquez tu voz
Especial y melodiosa
Se levanta victoriosa
Ufana, recia y veloz.
Caído el diablo feroz
Revuelcase en sus derrotas;
Icásticas son tus notas
Saturadas de loor;
Teniendo en el Redentor
Océano de gaviotas.

Retrato de Juan Cristóbal Nápoles Fajardo,
el Cucalambé.

Juan Cristóbal es tu verso
Esencial para el cubano,
Sensible, cabal, ufano
Único en el universo.
Cantor de estilo diverso
Resonante cual clarín;
Ilustrado paladín
Sabes de letra y manigua;
Tu pluma bien lo atestigua
Ornato de mi jardín.

Jornada cucalambeana
Eres plataforma y escuela;
Saturada de espinela
Una gran fiesta cubana.
Con tus cantos se engalana
Refulgente el lomerío;
Improvisa alegre el río
Soñando desde sus cauces;
Trovadores son los sauces
Ondeando frente al bohío.

Justo al sur de la Florida
En la capital del sol;
Suele jugarse al beisbol
Urdiendo cada embestida.
Con cada base corrida
Rubrican lances de ensueño;
Implacables con el leño
Seguros a la defensa;
Tienen una garra inmensa
Oriflamas del empeño.

Lightning Source UK Ltd.
Milton Keynes UK
UKOW04n1840140615

253483UK00004B/13/P